JN410628

북극 여우

박인태 제8시집

북극 여우

초판1쇄 발행 2022년 3월 31일

지은이 박인태
펴낸이 이길안
펴낸곳 세종출판사

주소 부산광역시 중구 흑교로 71번길 12 (보수동2가)
전화 463－5898, 253－2213~5
팩스 248－4880
전자우편 sjpl5898@daum.net
출판등록 제02-01-96

ISBN 979-11-5979-497-1 03810

정가 10,000원

부산광역시 BUSAN METROPOLITAN CITY 부산문화재단 BUSAN CULTURAL FOUNDATION
본 도서는 2022년 부산광역시, 부산문화재단 지역문화예술 특성화지원사업으로 지원을 받았습니다.

북극여우

박 인 태 제8시집

세종출판사

이조이, 이지호에게

| 서문 |

삶에 대한 화려한 그리움

멀리 가보고 싶다
꽃의 경계선 넘어 멀리

멀리 가보고 싶다
개울처럼 멀리 가보고 싶다

강이 만난 바다
바다가 만난 허무까지
멀리 가보고 싶다

죽음마저 거룩한 태양이
치사하게 웃고 있는 하구

노란 황혼이
빨간 지붕을 쓰다듬는
지상의 끝에서

꽃처럼 아름답게 말하진 못해도
무뚝뚝한 나무처럼 말하고 싶다

나도 그리웠다

차례

2부
사랑은 지하철역에서 기다렸다

3부
황금 잉어

1부

북극여우

새들의 하루

오늘도 수많은 기쁨이 날아왔다

사랑의 광장
하늘로 날아가는 즐거운 분수
하늘에서 내려온 경이로운 새들이
푸른 잎사귀처럼 노래한다

나무는 햇살의 향기

태양의 마법사가
신성한 우물을 파고

어둠에서 길어 올린 물에
생명을 담는다

나는 푸른 불꽃
사랑의 촛불에 빛을 놓는다

너는 철없는 어린 사랑처럼
날아다니며

태양의 노래 속에
고귀한 영성의 시를 쓰는 새

남과 여

우리는 서로의 옆구리에 새겨진
문신이 아니다

사과향기처럼 깊었던
어둠에서 분리된 영혼

검은 기러기처럼
표지판 없는 하늘에서 길을 잃었다

삶은 아름다운 순례길
사랑을 따라가는
폭우와 산들바람의 동행

남쪽 하늘에서도 초원에서도
순식간에 길이 사라지는 건
술에 취하는 것만큼 쉬웠다

너와 나
목걸이처럼 빛나는구나
잊지 말자

방랑의 눈동자처럼 공허한 일몰이 바라보는
낯설고 애처로운 꽃
마음이 따뜻한 날 나를 안아 주는
구름의 노래
행복과 불행 속에서 사랑이 살고

때가 되면 나타나는 정답처럼
그렇게 쉬운걸
풀지 못할 운명이라며 방황한다

강변 마을

어린아이 보물 상자에서
쏟아진 구슬처럼
반짝이는 모래밭

진주 같은 지혜가 굴러다녔다

울타리 없는 황무지에 지어진
청빈한 갈대 마을 사이

풍요로운 강을 오르내리는
안개 같은 허무함이
돈 많은 사람처럼 쓸쓸하게 웃었다

구름의 새들이
강의 두려움과 기쁨 속에서
명랑한 하루를 산다

현기증처럼 밀려오는 애정 결핍

비 오는 유리창에 비친
투명한 애정

빗방울과 나뭇잎의
절박한 포옹을 배경으로

너는 은접시에 담긴
포도처럼 바라본다

너는 아름다운 영혼의 향기를 가진 해바라기
나는 아라비아 사막
낙타 같은 꿈을 꾼 것인지도 모른다

단정한 물방울
감정 없는 침묵
오크 향기 같은 낯선 느낌

망각의 잔을 채우기 위해
몸부림치는 물방울처럼 비가 온다

오후 다섯 시

장미처럼 졸고 있는 골목

주황색
토끼 치마 입은
능소화가 사뿐히 걸어간다

치맛자락에 매달린
아이처럼 팔랑거리는
귀여운 바람

나무 그림자 속에
숨은 그림이 된
동그란 고양이

오후 다섯 시

소리 없는 창문이
비둘기처럼 편지를 쓴다

민들레 추억 같은 사연을
물처럼 날려 보낸다

북극여우

하얀 달
달처럼 하얀
북극여우

황금 털을 가진 정글
황금여우가 부러울 것인데

북극여우는 하얀 옷을 입는다

겨울처럼 살아가는
따뜻한 피의 식탁을 위해

죽음의 유령처럼 등장하는
하얀 마음을 가진다

생존을 위해
역할을 위해
우리는 무엇을 버리고
무엇을 입었을까

거울처럼 나를 바라보며
깜짝깜짝 놀라는 선택처럼

절망 같은 사랑

겨울의 집을 방문한
가을 여인처럼
따뜻한 날

비가 온다

빗방울이 현란하게 떨어지며
나무가 젖는다

비에 흠뻑 젖는다

나무는 습관적으로
어린잎에
젖을 먹인다

장성한 나뭇잎은
모두 떠나고
늦둥이 같은 작은 잎

고택의 창호지에 뚫린
손가락 구멍처럼 듬성듬성 피었다

앙상하게 뼈만 남은 나무

눈물 같은 습관처럼
젖을 먹인다

조그만 잎이 포동포동하다

꽃과 사랑

초상화 여백에 핀 꽃처럼
그리운 당신

나는 샛별처럼 보고 싶어 합니다

달처럼 사랑하는 당신
나의 은하수 꽃밭으로 오세요
개미 없는 잔디밭으로

하늘의 나팔 소리에
꽃과 나비가 깨어납니다

아침이 요란하게 화장을 하고
처녀 같은 꽃들이 다투어
문밖으로 나왔지만

당신은 향기로운 바람의 배를 타고
구름처럼 먼 여행을 떠납니다

장미로 장식된 달의 침실

파란 하늘
흰 구름
나무 울타리에 기댄 장미

완벽한 무대

장미는 온몸의 목소리를 열어 노래한다

북풍처럼 차가운 목소리
남풍의 화려한 리듬에 맞춰
푸른 바람처럼 날아오는 새들의 합창

낮달의 방에 울려 퍼지는
장미의 아리아가 신비롭다

나는 잠자리처럼 맴돈다

순도가 낮은 나의 지혜

나의 지혜는 순금이 아니었다

황금의 지혜는
태양처럼 뜨겁고 당당하지만

나의 지혜는
순도가 낮은 금처럼
남몰래 감추기 위해
부끄러움 아래로 숨긴다

명쾌하지 못한 대답이
엉킨 실타래처럼 복잡하고

나뭇잎 속에 가려진
장미처럼 아리송하다

지식를 자랑하는 지상의 신은
이미 아라비아 숫자가
모자랄 만큼 많아졌다

새들의 편지

명랑한 휘파람 소리처럼
새들이 햇살을 몰고 온다

바람의 열쇠가
나무의 문을 열었다

가지마다 풍성한
빛이 쏟아져 나오고

구름에서 내려온 새들이
우편 배낭에서 꺼낸
푸른 소식을 전한다

나무의 집
층층이 열린 창문처럼
아롱아롱 흔들리며
재잘거리는 꽃의 자매들

낮은 꽃밭 골목에
숨죽이며 걷던 고양이가 들켰다

새를 노렸던 것은 아니라고
애매하게 웃는다

그리운 사람

강처럼 하늘을 바라보고 싶다

하늘만 볼 수 있는
누워 있는 강물처럼
하늘을 보고 싶다

남쪽으로 난 창문처럼 해를 보고 싶다

오직 겨울에만 따뜻한
해의 눈동자와
여름날 은은한 눈매의
멋진 햇살을 보고 싶다

네덜란드 빵집

분홍 주문 쪽지에서
불러낸
아름다운 빵

수줍은 식탁에서
너와 나
서로를 바라본다

나는 너의 향기로운 운명

너는 샛별 눈동자로
나를 바라보지만

나는 기다림에 지쳐
기분은 파리처럼 윙윙대고
식탐은 나비처럼 도망갔는데

낯선 장식으로
울퉁불퉁하게
나를 빤히 바라보는
저 가엽은 빵은
여전히

나의 결과다

하인이 된 노동의 하루

1.

나는 부자를 두려워하는
가난한 사람

오후의 그늘로
따가운 하루가 걸어가고
이제사 허리를 펴는
잎사귀처럼

죽음을 상상하는
달콤한 휴식

오늘도 젖은 풀처럼 일하였다

권력의 주인이 된 역사는
화폐에 그의 얼굴을 새긴다

2.

나는 깨달은 사람을 무서워하는
역사의 주인

금화 위에서 버틴다

바람처럼 지나간 하루가
환상처럼 아른거리고

쭉정이처럼 허전한 저녁
깜깜한 밤이 홀로 서 있다

나는 무지한 돌멩이처럼
깜깜한 천국의 망치를 두려워한다

시간은 물방울처럼 버텼다

여름이 실수로 엎어버린 물감 통처럼
세상이 검은 주황색으로 물들었다

폭염의 우산 속
운 좋은 어느 날 비가 내린다

빗방울은 회색 우의를 입은 소녀처럼
조용히 골목을 걸었다

일기장은 침착한 수요일처럼
그날의 열기가
백사장보다 뜨거웠다고 썼다

태양의 정원에서
노란 파라솔 한 개로
이겨냈다고
대추처럼 견뎠다고

사막을 건넌 낙타처럼 웃는다

또 하나의 여행이 끝났을 뿐이라고
물처럼 웃는다

두 갈래 길

하루의 시작은
강물에 떠내려가는 통나무

감당할 수 없는 격류

지친 물보라를 피해
휴식의 원두막
흰 모래밭에 조금만 기대어도

물 밖으로 나온 고래처럼
참담한 햇살이 된다

길들여진 강으로 복귀하는 것은
천국행 열차를 타는 것처럼 어렵다

어디로 갈 것인가

두 갈래 길에 선 나는
마지막 버스가 도착했을 때

호주머니 없는 인형처럼 당황한다

노인과 바다

여름 바다의 처녀들은
미의 여신 아프로디테

철없는 여자

황금 햇살 속에서
장미 요정으로 태어난다

평범한 여인은
햇살의 장미로 색을 바꾸고

요염한 향기의 춤이
눈동자 속에서 맴돈다

태양의 전설
바다의 용사들은
은퇴자의 송림에 앉아

유통기한 넘긴
자줏빛 가지처럼 바라본다

밀밭의 추억

비 오는 날
야채 장사의 근심처럼
날이 저문다

강으로 흘러간 눈물이
개울처럼 흔적을 남기고

나머지 눈물은
코스모스에게 안긴다

잡초가 하루살이처럼
억지를 부린 날이었지만

흙에서 일어선 것이
흙으로 돌아가니

그들은 손톱자국 하나 남기지 못했다

남과 여, 영원한 사랑의 방랑자

꽃의 목소리는
파란 호수
물고기처럼 청량했다

사랑을 위해
장미는 가시마다
아름다운 비명을 묶어 놓고

사랑의 비밀 병기
매혹적인 입술로
녹아 흐르는 아이스크림처럼
달콤한 질문을 한다

욕심은 입맛을 다시고

그녀는 단순하면서
섬세한 향기를 가졌다

남자는 땅에 박힌 등대처럼
바라볼 수 있는 한
멀리 고개를 치켜들며

겨울을 살아남는
짐승의 털을 그리워한다

환희

금실로 엮은 그물
매미의 노래는
황금 불꽃이 터지는 목소리로
태양을 사로잡는다

나는
지금
여기서
육체와 함께 만든 위험한 길을 걸어간다

너의 미소는
꽃향기처럼 달콤하고
쾌락은 노을처럼 아름답다

추억이 남긴 조개껍질 같은
시간이 말한다

이 땅에서
무엇을 더 할 수 있을까

사랑이 아니라면
무엇을 더 할 수 있을까

부끄러운 추억

풍경소리가 햇살의 붕어처럼 헤엄친다
바람이 동그랗게 맴돌았다

초대장 없는 야생화가
뜬금없이 찾아와 문을 두드린다
말릴 사이도 없이
미련한 추억이 문을 열어 주었다

보름달의 운명을 가진
당당한 꽃

여전히 단아한 향기

흘러간 장마의 상처처럼
잊고 싶은 꽃
어둠에 가두고 싶은 꽃
나는 자꾸만 잊고 싶어 한다

광주리에 담긴 사과처럼
빨갛게 부끄럽다

단정한 접시에 담긴 그리움처럼
꽃은 화려하게 나를 바라본다

연극 대사처럼

하염없이 멀어지는 철새처럼
님의 뒷모습이 날아간다

냉정하게 흘러가는 것은
그대로 두자

따라가지 못한 갈대의 애원도
그대로 두자

깨진 보석처럼 빛나는 사랑도
그대로 두자

겨울나무의 죽음 같은 침묵도
그대로 두자

봄이 오면
겨울의 눈물이 녹고

마음을 꼬리에 감추고
한가한 얼굴로 갸우뚱거리는
심심한 고양이처럼
사랑이 돌아왔다

사랑의 이름

귀여운 이름
병아리, 강아지, 고양이
장미와 사과
이슬과 별

초롱초롱
가슴에서 별처럼 빛나는 이름

쓸쓸하고
외로운 사랑을 찾아
위로하는 물방울 날개처럼

가슴에 새긴
사랑의 서약

일생에 걸쳐
풀어야 할 숙제처럼
영혼의 정원에 가득한 꽃

마음은 가을 하늘의 여백처럼 바보였다

가을이 창을 열었다
백지처럼 맑고 시원한 하늘

구원의 약속을 지키는
푸른 눈동자를 바라보며

믿어야 할 것이 많은
가난한 사람답게
나는 소망의 색종이를 날린다

침묵의 예언자 같은
새들이 날아가고

나의 사랑은
기도하기도 전에
바람처럼 달려와

단풍에 쓴 오색 편지처럼
문을 두드리는데

할 말 많은 내 마음은
넋을 잃고 하늘만 본다

정신없는 기도는 하염없고
선물은 낙엽처럼 뒹군다

2부

사랑은 지하철역에서 기다렸다

뜨거운 여름에 내리는 비

비에 젖은 나뭇잎이
푸른 눈을 뜬다

나비도 풍뎅이도 없는
빗줄기 속에서
나무는 스스로 눈동자가 되고
말이 되고
가지마다 문장이 되어

나뭇잎의 장난
큰 목소리
나뭇잎이 함성을 지른다
나무의 웃음소리

비는 하얀 어둠처럼 길을 막고
막다른 골목처럼 끝을 맺었다

어제처럼 섭섭하게
비가 떠나고

고양이를 잃어버린 듯한
표정의 사람들이 지나간다

코로나19

한 여름인데
길에는
겨울 같은 냉기가
서리처럼 반짝거렸다

폐점한 가게마다
함박눈 같은 먼지가 쌓인다

마주 오는 여인이
단단한 눈동자로 걸어 온다
너와 나
서로의 눈빛은 날아가는
돌멩이처럼 부딪쳐 깨어지며
관계없는 인연임을 깨닿고
눈길을 거둔다

시커먼 썬글라스를 쓴 차량들이
진주 목걸이처럼 줄지어 지나갔다

참새처럼 명랑하던 입술은
추억의 립스틱처럼 사라지고

심하게 왜곡되고
슬픈 눈들이
화살을 겨눈 것처럼 찡그리고 있다

푸른 가로수가
비에 젖은 옥수수처럼 슬퍼한다

축하 비행

여름날 정오

햇살은 황금빛 물결
바람에 밀려 살랑거렸다

부지런한 꿀벌이
태양의 땀방울처럼
꽃 사이를 날아다닌다

일요일의 낮잠은
작은 어둠 속
달빛 생쥐처럼 통통하다

조용한 정점의 순간

깨어지는 유리창처럼 터지는
시끄러운 제트기
구름이 찢어지는
저공비행

숲도 마을도 깜짝 놀라
나무에서 떨어진
풍뎅이처럼 버둥댄다

무서운 전투기
하늘 강처럼 멀리 흘러가고

잠자리 한 마리
조용하게 떠 있다

왕의 햇살 같은 여름

햇살이 장대한 월요일처럼 쏟아진다

쓸모없는 왕의 행차처럼
끝없이 이어지는
빛과 더위의 행렬

들판의 잡초 같은 일꾼
나무들은 검은 얼굴로
줄지어 서 있다

오직 생명의 기쁨만이
주름마다 새겨지고

삶의 목적 같은 땀방울

잎사귀 위로
장난처럼 구르는 물방울

여권에 찍힌 허가서처럼
수많은 국경을 넘은 얼굴이다

뜨겁고 무거운 햇볕 아래
나무가 서 있다

물방울의 노래

수정 물방울처럼
신비로운
화려한 비를 보신 적 있나요

진주 목소리를 가진 빗방울

작은 새들처럼
유리창으로 몰려다니며

마당에 버려진 소리를
신기하게 두드린다

장독, 물바가지, 물통,
내팽개친 장난감,
노란 꽃, 파란 꽃, 하얀 꽃

기상도를 거꾸로 바라본
일기예보처럼
오늘은 따뜻한
하늘의 실수

햇살이 살랑거리는 하늘에서
물방울 새들이 날아다닌다

비에 젖는 꽃

터무니없이 조용한 날

현란한 소리가
꽃처럼 떨어진다

소리 없는 나비 한 마리
작은 들꽃처럼
휘청거리며 지나가고

슬픔의 그림자
가랑비는 고집스럽게
하염없이 내리고

점심도 굶고
비를 맞는
노란 꽃

수채화처럼 그려진
검은 눈망울

단호한 얼굴로
엄마를 기다리는 아이처럼
금새 눈물방울이 떨어질 듯하다

하얀 종소리가 은은한 들판

들판의 메아리처럼 날아다니는 새
자유의 대가를 치르지 않은 새는 없다

행복한 노란 꽃의 사랑이 있다면
세상을 따뜻하게 만들 수 있다

나무의 저주처럼 우는 늑대
살육의 대가를 치르지 않은 늑대는 없다

하얀 꽃의 모자를 쓴 사랑이 있다면
여름을 시원하게 보낼 수 있다

달변의 대가를 치른 뱀은 기어 다니고
포악한 무리는 멸종되었다

붉은 꽃의 심장 같은 사랑은
저주의 상처를 치유한다

건강한 흙의 비밀처럼
사랑의 그림자 속에는
우리가 누려야 할 자유의 대가가 있다

가을 낙동강

오후의 태양이 강물 위로
금가루를 뿌린다

휘파람새의 갈대밭 사이
침묵의 방을 감동시키는 촛불처럼

따뜻한 객차의 빛을 휘날리며
세월의 열차가 지나간다

선악의 선고가 유예된 시간처럼
상냥한 인사를 한다

소리 없는 새들이
몇 마리 모여 기웃거렸다
조용한 광기가 물안개처럼 일어났다
오솔길은 세월의 문신처럼
하염없이 강을 따라갔다

물결은 숨소리마저 지웠고
강에 그늘은 없다

적막을 휘젓는 휘파람새의 노래가
기각 결정된 판결문을 읽는다

슬픈 고향

1.

꽃이 울었다
오래된 장독처럼 울었다

허물어진 뒤뜰이 따라 울었다

까마득한 기억이
어린 시절처럼 울고

폐품처럼 버려진 가난이
서럽게 울었다

감자가 울고
고구마가 울었다

파란 도깨비불처럼
오래된 가족사진이
그 모습을 지켜본다

마당에 걸린
커다란 거미줄처럼 보았다

2.

가뭄과 폭우는 끝났다

지나간 일이다

나는 어두운 방에서
까마귀처럼 편지를 쓴다

상처받은 꽃이 찾아온 날
슬픈 고향에게 편지를 쓴다

나비의 유령처럼 서늘한 사연을
꽃잎처럼 날려 보낸다

남겨진 고향이 웃었다
한숨처럼 웃었다

가을 햇살

여름 햇살은
새벽부터 창문을 두드렸지만

가을 햇살은
천천히
아침을 먹고
정오가 되어 갈 때쯤
모퉁이를 돌아
마당을 향한다

지루한 기다림에
하품하던
꽃이 졸고 있다

장승처럼 버티는 고목
무거운 그림자가
햇살의 옷자락을 밟고 있다

당황하는 햇살의 표정에
고양이가 신기하게 웃는다

가을 골목

화사한 햇살이 은방울처럼 흩날렸다

바람의 빗자루가 햇살을 쓸어
막다른 골목에 쌓아 놓는다

침묵이 낙엽처럼 뒹굴고
담장에 기댄 하얀 그림자

파란 운명을 점치는
늙은 세월처럼 무겁다

돌담 넘어 고개를 내민
몇 개 마른 이파리들이
배고픈 새처럼 울었다

촛불마저 꺼진 창문이
파란 하늘처럼 쓸쓸하다

가을이 거미줄에 걸렸다

조용한 물가에
태양이 낚시질을 하고

지켜보는 갈대는
철새처럼 외롭다

강 저 편에서
달의 옷을 입은 붕어가
반짝이며 튀어 오른다

산바람조차 오지 않은 날
강은 동굴처럼 적막하다

별빛 같은 평화가
침묵처럼 흔들리고

휘파람새는 물결처럼 쓸쓸하다

사랑은 지하철역에서 기다렸다

지하철역에서
두 시간 기다렸던 사랑이 떠나간다

열차를 따라
수많은 얼굴이 지나갔다

나비 같은 인연의 얼굴은
빈 하늘처럼 보이지 않았다

사랑이 떠나간다
비교적
가벼운 표정이다

노란 국화처럼 복잡한 생각을 접고
침묵의 사랑을 선택한 장미처럼
창을 닫은
사랑이 떠나간다

빈 자리가
사탕수수처럼 남아 있다

오래된 방

철학의 눈빛이 서늘하다

먼지의 어둠 속에서
늙은 관념의 목소리가 방을 울린다

장시간 토론에 지친 가구들은
고집스럽게 삐그덕 거렸다

황량한 파미르고원
생명 없는 돌탑에 나부끼는
황금 타르초처럼
간절하게
목숨 걸고 믿어야 할
생의 목적은 신을 향한 원망이었다

처음부터 새의 노래는
신에게 갈 생각이 없었다

스스로 소멸하라
어둠 속에서 활개 치는
굶주린 욕망들이여

이제 너의 시간은 사라졌으니
낚싯줄에 걸린 물고기 행세를 하여도
아무도 너에게 동전을 던지지 않는다

슬픔은 익숙한 얼굴로
모든 것을 무감각하게 만든다

단풍 가로등

나무가 영혼의 꽃을 피운다

바다 길목에서
물을 가르는 고래의 분수처럼

가을에서 겨울로
넘어가는 경계선

나무가 눈물 같은 피를 뿜는다
살아온 날의 정성 같은
물 노란, 물 빨간

영적인 감정을 환기시키는
창조의 미소

햇살의 잔디밭에서
꽃은 나비에게
나무는 새들에게
영혼의 인사를 나눈다

여름은 동화의 거인처럼 성실하였다

생일 케익처럼
예쁘게 포장된 가을 행복

웅장한 서사적 영성의 시처럼
온 산에 단풍
땅의 피가 불타는 무지개가 피었다

검은 뿌리처럼 살아가는
나의 영혼
나의 감성을 환기시킨다

낙엽의 예언

겨울로 가는 꽃길

햇살의 황금 마차가
앞서 걸었다

향기 없는 꽃
웃지 않는 길

바람의 행렬 따라
까마귀 떼처럼 날아오르는 낙엽

만장이 휘날린다

나는 부엉이의 종소리
나는 뻐꾸기의 북소리
나는 죽은 붕어의 풍경소리

하늘에 울려 퍼지는 푸른 노래
침묵처럼 무거운 천국의 노래

화려했던 날을
뜨거운 눈물로 장식한다

늑대의 달

달을 지키는 늑대가 밤을 새운다

달빛에 젖어
외로운 파수꾼처럼
어둠의 목소리로 노래하면

하얀 눈의 마을이
달의 접시에 영혼을 담는다

소나무가 뒤척이고
대나무가 잠시 깨어난 사이

늑대의 마을에 첫눈이 내린다

검은 오솔길이
달의 들판을 걸어가는 끝에
빛으로 타오르는 새벽의 문

마지막 별빛이 새어 나오는
길의 끝으로 가고 있다

겨울 아침

은방울 찰랑거리며
바람의 마차
북풍이 달려온다

밤새 함박눈이 깔아 놓은
새하얀 들판을
햇살처럼 지나간다

나무들은 크리스마스처럼
흰 눈을 입었다

외로운 나무를 장식한
수정 같은 겨울 사랑이
남극의 별처럼 반짝인다

평화로운 아침의 서약인가

겨울 선물 같은 토끼가
눈밭을 뛰어 다닌다

낙타 속눈썹 같은 명상

돌의 가부좌

원시의 반석 위에
허리를 폭포처럼 세우면
눈동자 아래
천 길 낭떠러지
이슬처럼 흩날리는 꽃잎

아름다운 망상
꽃과 비가 땅에 내린다

화려한 꽃이 지고
푸른 사파이어 눈동자에
과거와 미래가
하나의 기둥에 묶인
깃발처럼 나부끼면

황금빛 땅과 하늘
밀밭 길을
바람의 나비가 날아간다

좌선의 미소

바람마저 무서워하는
절벽의 화두

말 없는 십 년 질문에도
숨소리 하나 내지 않는 고집

나는 누구인가
명상은 끝내 대답하지 않았지만

꽃과 나비
새들의 숲에서
생명이 다한 영혼은
내 마음으로 날아와
우리는 구름처럼 하나가 된다

물방울이 옹달샘 위로 떨어진다

부처님의 휴가 : 통도사 금강계단

부처님의 고향은 인도 카필라바스투였다

열반에 드신 후에도
마하가섭 그리워
인정 많은 방문 밖으로 발을 보이셨다

낯선 땅
산새처럼 조용한 금강계단에
추억의 사진처럼 쓸쓸한 비가 내리고

얼굴도 생소한 북방의 제자들은
밤낮없이 불공을 드리지만
부처님은 고향의 봄이 그립지 않으실까

빗방울이 수평선을 그린다

애처로워 말자
마음의 고향 이국적인 불국토에서
중생과 함께 즐거움 누리신다

부처님의 휴가는 이미 오래전 시작되었구나

겨울나무와 새

생명 없는 겨울나무
앙상한 가지가 철조망처럼 얽혔다

겨울을 지키는 가혹한 파수꾼
차가운 바람은
얼음의 날을 세운
날카로운 눈으로 감시한다

언제 날아 왔는지 모를
소리 없는 새가
엉킨 가지 속에 앉아 있다

맑은 생명처럼 아름답다

죽음의 방으로 들어온
한 줄기 햇살처럼

땅에 꽂힌 화살 같은
앙상한 나무 사이
날렵한 희망이
흰 토끼처럼 질주한다

성경책에 한 손을 올린 맹세처럼
햇살의 노래가 지상을 채운다

3부

황금 잉어

왕가의 유물

사랑이 흙 속에 묻혀 있었다
아주 오랫동안

어쩌면 버려진 꽃인지도 모른다

진흙 위에 찍힌 발자국처럼
덧없는 것인지도 모른다

남루한 행색
흙먼지 뒤집어쓴 초라한 얼굴

하지만 그 시절에는 황금을 유혹하던
역사의 얼굴

어쩌면 약탈의 들판에 뿌려진 피
하얀 목소리처럼 무서운 노래였다

왕의 유물이 빵 부스러기처럼
나의 식탁을 어지럽힌다

한때 장미가 자신의 운명을
의심해 본 적 없던 시절이었는지 모른다

남과 여 그리고 세월

사랑이 지나간다

맑은 향기 시냇물
초대받은 물고기
순수한 빛의 아름다움
태양의 물결

나이가 지나간다

첫사랑이 사과처럼 떨어지고
실연당한 연정이
포도송이처럼 맺힌

그해 가을
오렌지 같던 하늘 위로
수많은 철새가 날아왔다

사랑이 지나간다

국화 향기처럼 고왔던 당신은
해바라기처럼 지고

첫눈 오는 날을 기약한 사랑은
고드름에 걸린 찢어진 깃발처럼 남았다

나이가 지나간다

쓸모없는 연정은
애처로운 지팡이에 매어 놓은
방울처럼 딸랑거린다

폭풍의 사과밭 넘어
수많은 사랑이 투신하던
그해 여름

이제 까마득히 잊은
망각의 나이가 지나간다

위대한 책장

아름다운 책에서는
황금빛 웃음소리가 들렸다

모험으로 시작된 사랑의 역사와
존재의 고통을 밟고 있는 오늘까지
아름답게 줄지어 있었다

런던 새빌로 거리 양복점에서 맞춘
달의 노래가 우아하게 창을 밝혔다

고요한 방
정지된 시간이 호수처럼 잔잔하다

이방인처럼
지나간 풍경의 거리를 걷던 나는
거울 속의 나를 바라본다

어색한 타인처럼
옷매무새를 고치고 머리를 넘긴다

새벽 호수에 태어난 새들은
백지 위에 나무를 그리고

가지마다 물방울 같은
새싹이 돋아난다

과거와 미래

석기시대에
오늘처럼 쇠가 많았다면

좀 더 많은 메머드를 죽이고
손쉽게 잡아 배불리 먹고

남아도는 문명은
아름다운 집을 지었을까
사랑의 시를 썼을까
신에게 감사의 기도를 했을까

오늘은 과거와 미래의 중심
과거는 잔혹한 탐욕의 뿌리
피로 만든 문명을 일으켰다

행복은 비에 젖은 꽃처럼 떨었다

오늘은 과거와 미래의 중심
아름다움과 슬픔이 공존하는
채우지 못한 욕망의 항아리

오늘은 과거와 미래의 중심
질서 없는 다툼
가난한 분노
부유한 자의 허전한 미소

내일은 구멍 난 절망의 항아리에
사랑을 붓지 않기를
신선한 욕망으로 기도한다

물고기를 바라보는 물고기

물의 왕자

물고기는 비늘이 벗겨지고
목이 잘릴 때까지
눈을 감지 않았다

용감하게 운명의 칼날을
바라보았다

아픔을 느끼기도 전에
해체된 육신을 바라본다

예리한 팔자 위에
엎어지는 눈물

상심한 입맛을 위해
던져진 식탁을
스스로 바라보며

언젠가 후회할 날이 오겠지만
지금은 생의 헌신을
아름다운 사랑으로 생각한다

누가 저토록 빛나는
황금 창을
물고기의 방으로 던졌을까

살아남은 사람

세월이 119 응급 차량처럼
요란하게 지나가며
구름처럼 멀어진다

소리가 사라진 텅 빈 마당에
바람의 여운
빨간 내복이 펄럭였다

사연 많은 사람은
천국행 급행열차로 떠나고
살아 있는 사람은
젖은 빨래처럼 자리를 지킨다

재미있는 청춘일기 같은 낙엽이
낡은 구석으로 우르르 몰려다니며
사라진 주인을 찾는다

파랗게 맑은 하늘
흥미롭던 젊은 날의 열정이
쓸모없는 잡초처럼 돋아나지만
무거운 날은 무너졌다

비석이 될 돌의 운명처럼
조용한 영혼은
사랑의 포만감에 취해
절정의 만족 속에 나른하고

쫓기지 않는 기분이
햇살의 낮잠처럼 평화롭다

뜬금없이 나타나는
낮도깨비 같은 낭만의 추억이
점심으로 칼국수를 먹는다

윤회의 눈

나는 신의 은밀한 왼손
바람의 권세를 누린다

나는 신의 힘찬 오른손
구름의 비를 내린다

인생은 시시한 연애소설

낡은 사진첩으로 남은
두꺼운 인생이
사막의 치즈처럼 건조하다

안개의 숲을 배회하는 새와
조용한 옹달샘이 웃었다

침묵의 갈채 속에
십 년 이십 년이 가고
시간마다 쌓아 올린
연봉의 추억 같은 사랑의 파도

나만의 애정으로 평가된 사랑이
다음에 살아갈 시간을
저축하는 성과급처럼 쌓아둔다

스위스 시골 마을 성당

하늘 장대처럼 높은 산봉우리
덴마크 국기 같은 구름이 걸렸다

하늘에서 내려온 밧줄 같은 폭포가
새처럼 날아오르며
물보라 날개를 펼친다

동화의 고향
빙하의 물이 개울 따라 흐르는
마을은 나무와 돌

부지런한 세월이
흩어진 돌의 질서를 세워
우아한 영혼의 마을이 되었다

장화를 신은 고양이가 성당으로 간다

조그만 집
성당의 신은 말린 꽃처럼
문을 바라보며 앉아 있고
하얀 벽

촛대 하나
신의 말씀이 녹음된 성경책 한 권
손에 닿는 천장에는
천국의 사진 프레스코화

식탁은 돌의 젖으로 만든 치즈
풀의 이슬로 만든 빵
겸손한 나무처럼 두꺼운 손을 가진
농부가 빙하수를 마신다

평등한 세상

나이 칠십이면
세상이 평등해 진다

정치인, 교수, 부자, 거지
학력과 권력이 무시된
세상이 평등해 진다

전철 안을 울리는 할머니 대화
번쩍 잠에서 깬 아이처럼
세상이 평등해 진다

예쁘고 예쁘지 않고
힘이 있고 힘이 없고
다툼 없이
세상이 평등해 진다

길은 외줄기
차별 없이 가는 영혼의 길
나는 다르다며 발버둥 쳐도
끌려서 가는
세상이 평등해 진다

좀 더 착하게 진리를 뒤돌아보는
세상이 평등해 진다

도시 그리고 방치된 집

노인은 끝내 나타나지 않았다

아들을 따라간 집에
홀로 남겨진 대추나무는
올해도 풍성하여
골목을 지나가는 사람마다 탐을 내었다

이맘때 쯤이면 대추를 수확하던
주인은 오지 않았다

할머니들은 할아버지가 죽었을 것이라고
풍성한 은행잎처럼 말했다

정원에서 기다리던 대추는
참을 수 없이 붉어져 가고
단정한 할머니들은
손에서 묵주를 놓지 않으셨다

시간이 모든 걸 파괴했을까

변함없는 달빛 아래
담장은 스스로 무너졌다

주변에는 떠나갈 사람만 남았다

대추나무가 기도한다
이제 우리 섬처럼 만납시다

고양이 사랑

고양이가 늙었다

십오 년이면 사람 나이 구십
내일쯤 천국으로 여행을 떠나도
아무도 안부를 물을 것 같지 않다

놀이터에 남겨진 아이처럼
구석을 찾는다

버려진 성경책처럼 고양이는 생각한다
끝이 있어 다행이다
끝이 없었다면
누구라도 고양이로 태어나려고
하지 않았을 것이다

사라지는 것 앞에서
용감한 것은 없으며 겸손뿐이다
이별의 의미도 모른다

어제까지
자고 나면 서른

마흔의 길이
번쩍번쩍 일어섰지만
오늘이 종착역처럼 멈춘다

나를 사랑한 아이는
코스모스처럼 자랄 것이다

새들이 새벽을 쪼아 대고
시간의 알은 금이 간다

글 쓰는 사람의 길

천국의 구름 같은 안개
자욱하다
소리 없는 공간

적막한 풍경이
외로운 징검다리를 건너간다

강물 위에
가로등처럼 떠 있는 돌멩이

점점 깊어가는 강물

황금빛 안개가
앞서 지나간
유혹의 치마자락처럼 펄럭이고
심연을 알 수 없는
물의 절벽
단절된 좁은 길

위험하다
나는 나를 두려워하며

처녀 살결 같은 봄날
쓸쓸한 운명의 하인처럼
출구가 보이지 않는 길을 걷는다

어디선가 들리는
새로운 희망
장미의 노래가 새처럼 날아 다닌다

풍성한 곡식의 주인이면서도
가난한 허수아비처럼
불안하게 머뭇거린다

할아버지 뒷모습

앞에서 걷는 할아버지
몸의 중심은 나선형

동서남북을 오르내리며
나비처럼 걷는다

신비한 나라의
꽃밭을 산책하는 토끼처럼
정글에서 만난 화려한 난초처럼
향기롭게 걸어간다

나 또한
중심이 직선에서 곡선으로
다시 나선형으로 바뀌리라

밤사이 누군가 할머니 미모를 훔쳐갔다

참새처럼 훌쩍 날아간 자리에
외로운 지팡이가 있다

선물처럼 지팡이가 놓여있다

황금 잉어

새벽을 지키는 물의 요정
안개는 파란 옷을 입고
검은 나무 사이로 흘러 다닌다

아무것도 깨어 있지 않은 붉은 침묵

불안한 악몽처럼
검은 수면 위로 잉어가 뛰어 올랐다
제왕의 권위처럼 싱싱하고 힘차다

투명하고 단단한 비늘이
아름다운 갑옷처럼
연약한 연민을 덮고 있다

늘씬한 몸매
매끄럽게 물속을 누빈다
제왕의 비늘마다 새겨진 문구가 번쩍였다

지나온 길의 이정표
자신이 찾아낸 생명의 원천
악몽의 문신

사랑과 배신이 잠든 십자가
영원히 풀 수 없는 문제
상처로 완성된 사랑

죽은 것의 이름

물거품처럼 사라진 문장
생사를 오가던 죽음의 밧줄 이야기
수면에 날아 온 나비의 환상
바람둥이 잠자리의 유혹
겨울 얼음장 아래 차가운 잠
물 위를 걸어가는 구름
어린아이 울음소리 같았던 물에 떨어진 풍뎅이

비늘마다 각기 다르게 빛나는
푸른 최면
마녀의 눈동자처럼
꿈의 채찍이 날아 다닌다

생의 선물 같은 지혜가
생명의 등불처럼 빛났다

잉어는 호수를 먹고 마셨다

사랑받는 사람의 특별한 매력처럼
사랑을 숨기지 않았다

활짝 핀 장미처럼
두려움 없는 사랑의 문을 열었다

메타포의 그물에 갇힌 세상에서
사랑이 아니었다면
단 하루도 생존하지 못했을 것이다

황금 잉어가 새벽을 산책한다

사랑이 꽃처럼 피었다

이제 나의 손이 착해졌다

불타는 욕망을
구름처럼 잡을 수 있다
뜨거운 열정도
무지개처럼 쓰다듬는다

이제 나의 눈이 성실해졌다

과격한 다툼도
물고기 소동으로 바라보며
싸움을 말리고
친절한 인사를 상냥하게 바라본다

이제 나의 말이 순해졌다

폐품 같은 소리는 지우고
네 마음을 알아차린 말은 침묵한다

이제 나의 감정이 침착해졌다

자갈길처럼 울퉁불퉁한 불만이
호수 속으로 갈아 앉는다

이제 나의 사랑이 눈을 뜬다

꽃의 사랑이 보이고
새처럼 사랑의 날개가 달린다

봄과 햇살

예의 없는 태양이 방으로 들어와
구석구석을 뒤진다

좌절의 일기장을 읽어보며
빙그레 웃고
구겨진 낙서를 펼쳐보며
심각해 진다
모퉁이를 쑤셔 먼지를 발견하고는
인상을 찌프린다
벌거벗은 양말과 옷가지를 들춘다

깜짝 놀라 동그래진
나를 보며 싱긋 웃었다

황금빛 팔을 들어 창밖을 가리킨다

구름의 새들이 창가로 몰려와
구경하고 있었다

늦잠에 빠진 나
구름의 새인 나를 부르며 기다린다